Marjoleine's
cirkelkaarten
circlecards

Marjolein Zweed

FORTE UITGEVERS | FORTE PUBLISHERS

Inhoud *Contents*

ISBN 90 5877 6719
NUR 475

This is a publication from
Forte Publishers BV
P.O. Box 1394
3500 BJ Utrecht
The Netherlands

For more information about the creative books available from Forte Uitgevers:
www.fortepublishers.com

Final editing: Gina Kors-Lambers, Steenwijk, the Netherlands
Photography and digital image editing: Fotografie Gerhard Witteveen, Apeldoorn, the Netherlands
Cover and inner design:
BADE creatieve communicatie, Baarn, the Netherlands
Translation: Michael Ford, TextCase, Hilversum, the Netherlands

Voorwoord *Preface*

Eigenlijk was het een grapje...

Mijn tekeningen in blokjes zijn heel herkenbaar. En sommige mensen denken dat door de vierkantjes komt. 'Zal ik dan maar cirkels tekenen?' zei ik een keer. Eigenlijk was het een grapje. Maar direct nadat ik het had gezegd, begonnen de ideeën al te komen.

Ik maakte nu eens geen tekeningen in vierkantjes, maar in cirkels. De kaarten die ik daarmee gemaakt heb, vind je in dit boekje.

Veel plezier met de cirkels!

Marjolein

Alle voorbeelden, uit dit boekje zijn te zien in mijn winkel "Marjolein Zweed Creatief" te Abbekerk.

It started out as a joke...

My drawings in squares are very recognizable. Some people think that is because of the square shape. "Shall I draw circles then?", I said. It started out as a joke, but as soon as I said it, I started to get ideas of what I could do.

This time, I didn't make drawings in squares, but in circles. This book contains the cards that I have made using these drawings.

Have fun with the circles.

Marjolein

All the cards shown in this book can be seen in my shop Marjolein Zweed Creatief in Abbekerk, the Netherlands.

Technieken *Techniques*

3D

De kaarten in dit boekje zijn uitgewerkt in 3D. Dat betekent dat er verschillende lagen van hetzelfde plaatje recht boven elkaar worden geplakt. Door 3D-kit of 3D-foamtape tussen de lagen te doen, ontstaat er diepte: de kaart wordt drie-dimensionaal. De kaarten in dit boekje zijn uitgewerkt in twee, drie of vier lagen. Je hebt evenveel 3D-vellen nodig, als de hoeveelheid lagen die je wilt gebruiken. Bij elk hoofdstuk staat aangegeven uit hoeveel lagen de kaarten bestaan. Bij de hoofdstukken staan de knipschema's afgebeeld. Je kunt naar eigen inzicht natuurlijk altijd meer of minder lagen gebruiken.

De eerste (onderste) laag plak ik meestal vast met fotolijm. De overige lagen kun je vastplakken met 3D-kit of 3D-foamtape. Je moet zelf maar eens proberen wat je het fijnste vindt werken, dat is vaak heel persoonlijk. Voordat je de plaatjes op gaat plakken, kun je ze eventueel met je vingers nog een beetje in vorm brengen.

Als je 3D-kit gebruikt, kun je dat het beste in een spuitje doen, zodat het makkelijker te doseren is. Breng kleine druppeltjes 3D-kit op de achterkant van het plaatje aan. Plak dit plaatje voorzichtig op het vorige plaatje. Niet te erg aandrukken, anders gaat de diepte verloren. Werk zo verder met de volgende lagen. Dit moet je wel goed laten drogen voordat je de kaart verstuurt.

3D-foamtape is te koop in blokjes of op een rolletje, zodat je het zelf in kleine stukjes kunt knippen. Die stukjes tape plak je op de achterkant van het plaatje. Plak dit plaatje op het vorige plaatje. Plak het meteen op de juiste plek, want je kunt het niet meer verschuiven. Werk zo verder met de volgende lagen.

Cirkels

Voor het uitsnijden van cirkels, kun je een cirkelsnijder of cirkelponsen gebruiken. De cirkelponsen van Make Me! zijn er in zes verschillende maten. Elke maat pons heeft een andere kleur. De volgende maten zijn verkrijgbaar: 19 mm (oranje), 25 mm (limegroen), 38 mm (geel), 51 mm (blauw), 64 mm (roze) en 76 mm (paars).

Sommige van mijn alfabet vellen zijn geschikt om met het kleinste ponsje uit te ponsen. Knip dan niet eerst de vier-kantjes uit, want dan heb je geen houvast om het papier in de pons te schuiven. Knip het vel in, tot je er met de pons bij kunt. Je kunt aan de onderkant van de pons door het gaatje kijken of het papier op de juiste plaats zit. (Stap 1)

Er zijn verschillende soorten cirkelsnijders. Welke het pret-tigste werkt, is heel persoonlijk. Ik vind de C-1500P het pret-tigste werken. Deze cirkelsnijder heeft een rubber voetje, zodat je geen gaatje in het midden van de cirkel maakt. Als je toch een gaatje in de cirkel wilt hebben, zit er een scherpe punt verscholen achter het rubber voetje. Je kunt het rubber voetje los draaien en vervolgens kun je een scherpe punt uit de cirkelsnijder draaien. (Stap 2) Op het uitschuifbare metaal van de cirkelsnijder zit een liniaal waarmee je de diameter van de cirkel in kunt stellen. (Stap 3) Bij de cirkelsnijder zit ook een handige mal, waarmee je de cirkel goed kunt positione-ren. Precies in het midden van de kaart of in het hoekje van het papier. Als ik ga snijden, druk ik met de muis van mijn linkerhand op het witte dopje. Dan kan ik met mijn andere vingers van mijn linkerhand eventueel het papier iets vast-drukken. Met mijn rechterhand pak ik dan de witte ring tus-sen duim en middelvinger. (Stap 4) Vervolgens draai ik met de ring. Zorg dat de ring zo vlak mogelijk op het papier draait.

Tip bij het strikken

In dit boek heb ik veel lintjes gebruikt. In sommige lintjes heb ik een strik gemaakt. Soms wil je je strik in dezelfde rich-ting als bijvoorbeeld de vouw. Een andere keer wil je de strik misschien wel dwars. Dit kun je een beetje manipuleren. Als de strik verkeerd zit, maak je hem opnieuw. Maar nu doe je de knoop, waar je mee begint, net andersom. Dus rechts over links in plaats van links over rechts of juist andersom. De strik maak je op dezelfde wijze als je eerste strik.

3D pictures

I have used 3D pictures for the cards in this book. 3D pictures are pictures that are made by sticking several layers of the same picture on top of each other. By placing silicon glue or foam tape between the layers, you create depth and the card becomes three-dimensional. The pictures in this book have been made using two, three or four layers. You need as many 3D cutting sheets as the number of layers you wish to use. The number of layers used for the cards is stated in the instructions of each card. The cutting patterns used are given in the chapters. Of course, you can always use more or less layers if you wish.

Use photo glue to stick the first (bottom) layer on the card. You can use silicon glue or foam tape for the other layers. Find out whether you prefer to use silicon glue or foam tape, because everybody has their own preference. If you wish, you can first puff up the pictures slightly with your fingers before sticking them on the card.

If you use silicon glue, it is best to put it in a syringe so that it is easier to apply. Apply small drops of silicon glue to the back of the picture and carefully stick the picture on top of the previous picture. Do not press too hard, otherwise you will loose the depth. Do the same for the other layers. You must allow the glue to dry properly before posting the card. Foam tape can be bought in squares or on a roll which you have to cut into small pieces yourself. Stick the foam tape on the back of the picture and carefully stick the picture on top of the previous picture. Make sure you stick the picture in the right place, because you will not be able to move it about once you have stuck it down. Do the same for the other layers.

Circles

You can use a circle cutter or a circle punch to cut out the circles. The circle punches from Make Me! are available in six different sizes. Each size of punch is a different colour. They are available in the following sizes: 19 mm (orange), 25 mm (lime green), 38 mm (yellow), 51 mm (blue), 64 mm (pink) and 76 mm (purple).

Some of my alphabet sheets can be punched using the smallest punch. If you do so, do not cut out the squares first, because otherwise you will not be able to slide the paper into the punch. Cut the sheet as far as necessary to reach the letter with the punch. You can look through the hole in the bottom of the punch to see whether the paper is in the correct position (see step 1).

There are various types of circle cutter. It is your choice which one you find the best to use. I find the C-1500P the best. This circle cutter has a rubber foot, so it does not leave a hole in the middle of the circle. However, if you do wish to make a hole in the circle, there is a sharp point hidden behind the rubber foot. You can unscrew the rubber foot and unscrew a sharp point from the circle cutter (see step 2). A ruler is marked on the extendable piece of metal on the circle cutter which you can use to set the diameter of the circle (see step 3). The circle cutter comes with a useful template which you can use to make sure the circle is in the right place: either in the middle of the card or in the corner of the paper. When I'm cutting, I press the ball of my left hand on the white button. I can then use my fingers of my left hand to push down the paper slightly, if necessary. I hold the white ring between the thumb and forefinger of my right hand (see step 4). I then rotate the ring. Make sure the ring is rotated as flat as possible against the paper.

Tip for tying bows

I have used a lot of ribbons in this book, some of which I have tied a bow in. Sometimes, you will want to tie a bow in the same direction as the fold. Other times, you may want the bow to go the other way. You can manipulate the direction of the bow. If the bow is wrong, simply untie it and do it again, but tie the knot the other way around. Therefore, tie left over right instead of right over left, or the other way round, but tie the bow in the same way.

Stap voor stap *Step-by-step*

1. Letters uitponsen.
1. *Punching letters.*

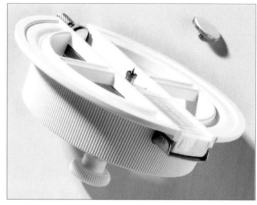

2. Er zit een scherpe punt verscholen achter het rubber voetje.
2. *A sharp point is hidden behind the rubber foot.*

3. Met de liniaal stel je de diameter in.
3. *Use the ruler to set the diameter.*

4. Zo houd je de cirkelsnijder vast.
4. *This is how you hold the circle cutter.*

Gebruikte materialen *Materials*

Algemeen
- 3D-schaartje
- Snijmesje
- Snijmat
- Doorzichtige snijliniaal (Securit)
- Fotolijm
- 3D-kit met spuitje
- 3D-foamtape
- Dubbelzijdig plakband

Marjoleine's 3D-vellen
Elk vel bestaat uit verschillende cirkels in een paar maten.

Marjoleine's dessin-vellen
Deze serie vellen past erg goed bij de Marjoleine's 3D-vellen.

Marjoleine's scrapbook-vellen
Deze vellen kun je gebruiken om je fotoboek (scrapbook) mee te versieren. Maar ze zijn ook heel geschikt om kaarten mee te maken.

Papicolor karton
Je kunt uit dit karton je eigen kaarten snijden, maar de gewone en vierkante kaarten zijn ook voorgesneden en -gevouwen te koop. De kleurnummers staan bij elk hoofdstuk vermeld.

Gereedschap voor eyelets
Eyelet-tool set mini met hamer of eyelet tool-kit met mechanische slagpen, Eyelet-mat

De overige materialen staan bij de desbetreffende kaarten vermeld.

General instructions
- 3D scissors
- Knife
- Cutting mat
- Transparent cutting ruler (Securit)
- Photo glue
- Silicon glue and a syringe
- Foam tape
- Double-sided adhesive tape

Marjoleine's 3D cutting sheets
Each sheet consists of different circles in a number of different sizes.

Marjoleine's pattern paper
This series of pattern paper combines very nicely with Marjoleine's 3D cutting sheets.

Marjoleine's scrapbook paper
You can use this paper to decorate your scrapbook, but it is also great to use to make cards.

Papicolor card
You can use this card to make your own cards, but you can also buy rectangular and square pre-cut and pre-folded cards. The colour numbers are stated in the instructions for each card.

Tools needed for the eyelets
Mini eyelet toolkit with a hammer or an eyelet toolkit with a mechanical setter and an eyelet mat.

Any additional materials are listed with the cards.

Blauwe bloemen *Blue flowers*

Bloemen *Flowers*

Benodigdheden

• 3D-vellen: blauwe bloemen (2 lagen) • Papicolor SMART karton: violet (602) en lichtoranje (609) • Scrappapier: oranje bloemen (Rob & Bob) • Cirkelpons: 64 mm (roze) en 38 mm (geel) • Paarse eyelet • Making Memories satijnband geel

What you need

• 3D cutting sheet: blue flowers (2 layers) • Papicolor SMART card: violet (602) and light orange (609) • Scrapbook paper: orange flowers (Rob & Bob) • Circle punches: 64 mm (pink) and 38 mm (yellow) • Purple eyelet • Making Memories satin ribbon: yellow

Werkwijze

1. Neem een dubbele rechthoekige violette kaart (10,5 x 15 cm) en snijd van de voorkant van de kaart een strook van 2,5 cm. Snijd uit het scrappapier een strook van 1 x 15 cm en plak het op de kaart.
2. Pons uit lichtoranje karton en het scrappapier grote en kleine cirkels. Plak de cirkels op elkaar en de grootste op de kaart.
3. Plak een blauwe bloem (middelste maat) op de kaart en werk het uit in 3D. Plak een blauwe bloem (op één na kleinste maat) op de cirkel. Sla een eyelet door de kleine cirkel.
4. Maak met de eyelet-tool twee gaatjes in de vouw van de kaart, 4 cm van de boven- en 4 cm van de onderkant van de kaart. Doe er een stuk lint doorheen en strik daar het ronde labeltje aan.

Instructions

1. *Take a rectangular, violet double card (10.5 x 15 cm) and cut a strip (2.5 cm wide) off of the front. Cut a strip (1 x 15 cm) of scrapbook paper and stick it on the card.*
2. *Punch large and small circles out of the light orange card and the scrapbook paper. Stick the circles together and then stick the largest circle on the card.*
3. *Stick a blue flower (middle size) on the circle on the card and make it 3D. Stick a blue flower (second smallest size) on the other circle. Punch an eyelet in the small circle.*
4. *Use the eyelet tool to make two holes in the fold of the card 4 cm from the top and bottom of the card. Thread a piece of ribbon through the holes and tie the round label to it.*

Drie bloemen *Three flowers*

Benodigdheden
• 3D-vellen: blauwe bloemen (2 lagen) • Papicolor
SMART karton: violet (602) • Scrappapier: oranje bloemen
(Rob & Bob) • Making Memories satijnband geel

What you need
• 3D cutting sheet: blue flowers (2 layers) • Papicolor
SMART card: violet (602) • Scrapbook paper: orange flowers
(Rob & Bob) • Making Memories satin ribbon: yellow

Werkwijze
1. Neem een dubbele rechthoekige violette kaart (10,5 x 15 cm).
2. Snijd uit het scrappapier een stuk van 8 x 15 cm.
3. Plak met dubbelzijdig plakband langs één lange zijde van
   het scrappapier geel lint. Plak de uiteinden naar achteren
   en plak het papier op de kaart.
4. Plak drie blauwe bloemen (op één na kleinste maat) op
   de kaart en werk ze uit in 3D.

Instructions
1. *Take a rectangular, violet double card (10.5 x 15 cm).*
2. *Cut a piece of scrapbook paper (8 x 15 cm).*
3. *Use double-sided adhesive tape to stick the yellow
   ribbon to one of the long sides of the scrapbook paper.
   Stick the ends to the back of the paper and stick the
   paper on the card.*
4. *Stick three blue flowers (second smallest size) on the
   card and make them 3D.*

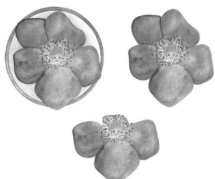

Ronde kaart *Round card*

Werkwijze

1. Snijd uit het lichtoranje karton een cirkel van 13 cm, uit het violette karton een cirkel van 11,5 cm en uit het scrappapier een cirkel van 11 cm.
2. Plak de twee kleinste cirkels op elkaar.
3. Zet de grootste cirkel aan de andere cirkels vast met snaps.
4. Plak een blauwe bloem (op één na grootste maat) op de kaart en werk het uit in 3D.

Instructions

1. *Cut a light orange circle (Ø 13 cm), a violet circle (Ø 11.5 cm) and a circle out of scrapbook paper (Ø 11 cm).*
2. *Stick the two smallest circles together.*
3. *Use Snaps to attach the largest circle to the other two circles.*
4. *Stick a blue flower (second largest size) on the card and make it 3D.*

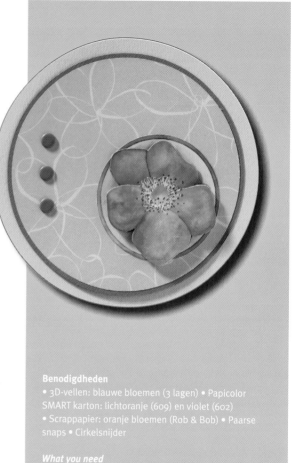

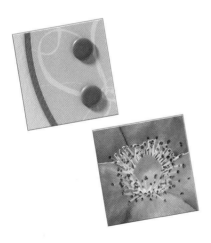

Benodigdheden
- 3D-vellen: blauwe bloemen (3 lagen) • Papicolor SMART karton: lichtoranje (609) en violet (602)
- Scrappapier: oranje bloemen (Rob & Bob) • Paarse snaps • Cirkelsnijder

What you need
- *3D cutting sheet: blue flowers (3 layers) • Papicolor SMART card: light orange (609) and violet (602)*
- *Scrapbook paper: orange flowers (Rob & Bob)*
- *Purple Snaps • Circle cutter*

Paarse bloemen *Purple flowers*

Hoge kaart *Tall card*

Benodigdheden
• 3D-vellen: paarse bloemen (2 lagen) • Papicolor karton: sering (37) • Dessin-vellen: nr. 9 • Making Memories satijnband: lavendel

What you need
• *3D cutting sheet: purple flowers (2 layers)* • *Papicolor card: lilac (37)* • *Pattern paper: no. 9* • *Making Memories satin ribbon: lavender*

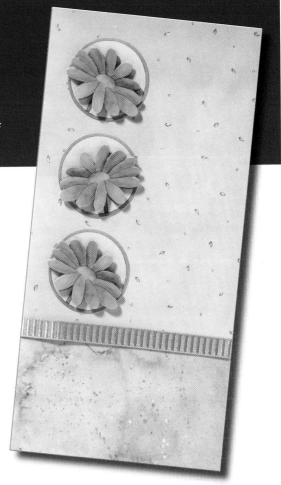

Werkwijze
1. Snijd uit het karton en het dessin-vel een stuk van 21 x 21 cm. Vouw beide stukken dubbel.
2. Plak lavendel lint met dubbelzijdig plakband langs de naad tussen beide dessins. Plak de uiteinden naar achteren en plak het dessin-vel om de kaart.
3. Plak drie paarse bloemen (middelste maat) op de kaart en werk ze uit in 3D.

Instructions
1. *Cut a piece of card (21 x 21 cm) and a piece of pattern paper (21 x 21 cm) and fold both pieces double.*
2. *Use double-sided adhesive tape to stick the lavender ribbon on the seam between the two different patterns. Stick the ends to the back of the card and stick the pattern paper to the card.*
3. *Stick three purple flowers (middle size) on the card and make them 3D.*

Kaart met boog
Card with a curve

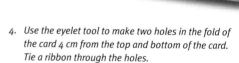

Benodigdheden
• 3D-vellen: paarse bloemen (3 lagen) • Scrappapier: Gold Daisy (K&Company) • Papicolor karton: sering (37) en paars (46) • Cirkelsnijder • Making Memories satijnband: lavendel

What you need
• 3D cutting sheet: purple flowers (3 layers)
• Scrapbook paper: Gold Daisy (K&Company)
• Papicolor card: lilac (37) and purple (46) • Circle cutter • Making Memories satin ribbon: lavender

Werkwijze
1. Neem een dubbele vierkante kaart (13 x 13 cm). Plak er een stuk scrappapier op van 7 x 12 cm.
2. Snijd uit paars karton een cirkel van 16 cm en uit sering karton een cirkel van 15,5 cm. Plak ze op elkaar. Snijd een stuk van 8 cm breed uit de cirkel. Maak het passend en plak het op de kaart.
3. Plak een paarse bloem (op één na grootste maat) op de kaart en werk het uit in 3D.
4. Maak met de eyelet-tool twee gaatjes in de vouw van de kaart, 4 cm van de boven- en 4 cm van de onderkant van de kaart. Strik er een stuk lint doorheen.

Instructions
1. Take a square double card (13 x 13 cm) and stick a piece of scrapbook paper (7 x 12 cm) on it.
2. Cut a circle (Ø 16 cm) out of purple card and a circle (Ø 15.5 cm) out of lilac card and stick them together. Cut an 8 cm wide strip off of the circle. Stick it on the card and cut off the bits that protrude.
3. Stick a purple flower (second largest size) on the card and make it 3D.

4. Use the eyelet tool to make two holes in the fold of the card 4 cm from the top and bottom of the card. Tie a ribbon through the holes.

Kompaskaart *Compass card*

Werkwijze

1. Snijd uit het scrappapier twee vierkanten van 5 x 5 cm. Snijd beide vierkanten éénmaal diagonaal doormidden. Plak die vier hoeken op de kaart.
2. Plak een paarse bloem (op één na grootste maat) op de kaart en werk het uit in 3D.
3. Pons een paarse cirkel en plak er een paarse bloem (op één na kleinste maat) op. Sla een eyelet door de cirkel.
4. Maak met de eyelet-tool twee gaatjes in de vouw van de kaart, 3 cm van de boven- en 3 cm van de onderkant van de kaart. Doe er een stuk lint doorheen en strik daar het ronde labeltje aan.

Instructions

1. *Cut two pieces of scrapbook paper (5 x 5 cm). Cut both squares diagonally in two and stick the four triangles on the card.*
2. *Stick a purple flower (second largest size) on the card and make it 3D.*
3. *Punch a purple circle and stick a purple flower (second smallest size) on it. Punch an eyelet in the circle.*
4. *Use the eyelet tool to make two holes in the fold of the card 3 cm from the top and bottom of the card. Thread a piece of ribbon through the holes and tie the round label to it.*

Benodigdheden
- 3D-vellen: paarse bloemen (3 lagen) • Scrappapier: Gold Daisy (K&Company) • Romak Kompaskaart: Lila • Cirkelpons: 38 mm (geel) • Making Memories satijnband: lavendel • Paarse eyelet

What you need
- *3D cutting sheet: purple flowers (3 layers) • Scrapbook paper: Gold Daisy (K&Company) • Romak compass card: lilac • Circle punch: 38 mm (yellow) • Making Memories satin ribbon: lavender • Purple eyelet*

Roze bloemen *Pink flowers*

Rond labeltje *Round label*

Benodigdheden

• 3D-vellen: roze bloemen (3 lagen) • Scrappapier: friend rouge (7 Gypsies) • Papicolor karton: wijnrood (36) en lichtroze (23) • Witte randjessticker (Starform 1001) • Making Memories satijnband rood • Cirkelpons: 38 mm (geel) en 76 mm (paars) • Rode eyelet

What you need

• *3D cutting sheet: pink flowers (3 layers)*
• *Scrapbook paper: friend rouge (7 Gypsies)*
• *Papicolor card: wine red (36) and pale pink (23) • White border sticker (Starform 1001)*
• *Making Memories satin ribbon: red • Circle punch: 38 mm (yellow) and 76 mm (purple)*
• *Red eyelet*

Werkwijze

1. Neem een vierkante dubbele wijnrode kaart (13 x 13 cm). Snijd een stuk scrappapier van 26 x 13 cm en plak het om de kaart. Plak een witte randjessticker 2 cm vanaf de buitenkant van de kaart.
2. Pons een cirkel van 76 mm en een cirkel van 38 mm uit lichtroze karton en plak de grootste op de kaart. Plak er een roze bloem (grootste maat) op en werk ze uit in 3D.
3. Plak een roze bloem (op één na kleinste maat) op de kleine cirkel. Sla een eyelet door het rondje.
4. Knoop een stuk rood lint om de vouw van de kaart heen. Rijg de cirkel eraan en maak een strik in het lint.

Instructions

1. *Take a square, wine red double card (13 x 13 cm). Cut a piece of scrapbook paper (26 x 13 cm) and stick it around the card. Stick a white border sticker on the card 2 cm from the edge of the card.*
2. *Punch two pale pink circles (Ø 76 mm and 38 mm) and stick the largest circle on the card. Stick a pink flower (largest size) on it and make it 3D.*
3. *Stick a pink flower (second smallest size) on the small circle. Punch an eyelet in the circle.*
4. *Tie a piece of ribbon around the fold of the card. Thread the circle onto the ribbon and tie a bow in it.*

Schulprand *Shell card*

Benodigdheden
• 3D-vellen: roze bloemen (2 lagen) • Scrappapier: bombay (7 Gypsies) • Papicolor karton: wijnrood (36) en lichtroze (23) • Making Memories satijnband rood • Cirkelpons: 38 mm (geel) en 51 mm (blauw)

What you need
• 3D cutting sheet: pink flowers (2 layers) • Scrapbook paper: Bombay (7 Gypsies) • Papicolor card: wine red (36) and pale pink (23) • Making Memories satin ribbon: red • Circle punch: 38 mm (yellow) and 51 mm (blue)

Werkwijze
1. Neem een rechthoekige dubbele wijnrode kaart (10,5 x 15 cm). Snijd een stuk scrap- papier van 15 x 25 cm en plak het om de kaart; begin met de voorkant. Het stukje, dat je overhoudt, vouw je naar binnen.
2. Pons een cirkel van 51 mm en gebruik deze als mal om de schulprand aan de binnenkant van de kaart te tekenen. Teken eerst de bovenste en de onderste cirkel in de hoeken. Teken daarna de middelste. Knip de schulp- rand uit.
3. Pons drie cirkels van 38 mm uit lichtroze karton en plak ze op de kaart. Plak er roze bloemen (op één na kleinste maat) op en werk ze uit in 3D.
4. Maak met de eyelet-tool twee gaatjes in de vouw van de kaart, 4 cm van de boven- en 4 cm van de onderkant van de kaart. Doe er een stuk lint doorheen en knoop daar verschillende stukjes lint aan.

Instructions
1. *Take a rectangular, wine red double card (10.5 x 15 cm). Cut out a piece of scrapbook paper (15 x 25 cm) and stick it around the card, starting at the front. Fold the piece that is left over inside the card.*
2. *Punch a circle (Ø 51 mm) and use it as a template to draw the shell shape on the inside of the front of the card. First, draw the top and the bottom circles in the corners and then draw the middle circle. Cut out the shell shape.*
3. *Punch three pale pink circles (38 mm) and stick them on the card. Stick pink flowers (second smallest size) on the circles and make them 3D.*
4. *Use the eyelet tool to make two holes in the fold of the card 4 cm from the top and bottom of the card. Thread a piece of ribbon through the holes and tie some other pieces of ribbon to it.*

Twee cirkels *Two circles*

Benodigdheden
- 3D-vellen: roze bloemen (2 lagen) • Dessin-vel: nr. 8
- Papicolor karton: cerise (33) en lichtroze (23)
- Making Memories satijnband: roze

What you need
- *3D cutting sheet: pink flowers (2 layers) • Pattern paper: no. 8 • Papicolor card: cerise (33) and pale pink (23)*
- *Making Memories satin ribbon: pink*

Werkwijze
1. Snijd een stuk dessin-vel van 9 x 13 cm. Plak het aan de rechterkant van een vierkante dubbele cerise kaart (13 x 13 cm).
2. Plak twee roze bloemen (middelste maat) op de kaart en werk ze uit in 3D.
3. Knoop een stuk roze lint om de vouw van de kaart heen. Je kunt het lint met een stukje dubbelzijdig plakband vastzetten.

Instructions
1. *Cut a piece of pattern paper (9 x 13 cm) and stick it on the right-hand side of a square, cerise double card (13 x 13 cm).*
2. *Stick two pink flowers (middle size) on the card and make them 3D.*
3. *Tie a piece of pink ribbon around the fold of the card and use double-sided adhesive tape to stick it to the card.*

Kaart met strook
Card with a strip

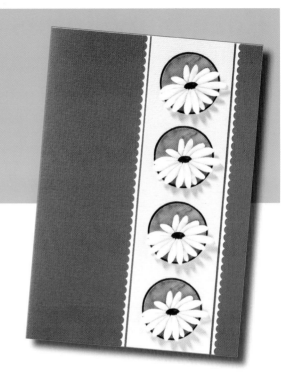

Benodigdheden
• 3D-vellen: roze bloemen (2 lagen) • Papicolor karton:
cerise (33) en lichtroze (23) • Witte randjessticker
(Starform 1001)

What you need
• 3D cutting sheet: pink flowers (2 layers) • Papicolor card:
cerise (33) and pale pink (23) • White border sticker
(Starform 1001)

Werkwijze
1. Neem een gewone dubbele cerise kaart (10,5 x 15 cm).
2. Snijd uit lichtroze karton een strook van 4 x 15 cm en
   plak het 1,5 cm vanaf de rechterkant van de kaart.
3. Plak een witte randjessticker op een klein stukje vanaf
   het lichtroze karton.
4. Knip vier roze bloemen (op één na kleinste maat) uit en
   plak ze op de lichtroze strook. Werk ze uit in 3D.

Instructions
1. *Take a rectangular, cerise double card (10.5 x 15 cm).*
2. *Cut a pale pink strip (4 x 15 cm) and stick it 1.5 cm from
   the right-hand side of the card.*
3. *Stick a white border sticker a couple of millimetres from
   the pale pink strip.*
4. *Stick four pink flowers (second smallest size) on the pale
   pink strip and make them 3D.*

Roze babyslofjes *Pink bootees*

Tweeling *Twins*

Benodigdheden
- 3D-vellen: roze babyslofjes (3 lagen)
- Papicolor karton: lila (14), hagelwit (30) en purper (13) • Cirkelpons: 51 mm (blauw)

What you need
- *3D cutting sheet: pink bootees (3 layers)*
- *Papicolor card: lilac (14), snow white (30) and mauve (13) • Circle punch: 51 mm (blue)*

Werkwijze
1. Neem een dubbele rechthoekige lila kaart (10,5 x 15 cm).
2. Snijd een stuk purper karton van 6,5 x 12 cm, een stuk hagelwit karton van 5,6 x 10,7 cm en een stuk lila karton van 5,1 x 10,2 cm en plak ze op de kaart.
3. Pons twee witte cirkels uit en plak ze op de kaart.
4. Plak roze babyslofjes (middelste maat) op de kaart en werk ze uit in 3D.

Instructions
1. *Take a rectangular, lilac double card (10.5 x 15 cm).*
2. *Cut a piece of mauve card (6.5 x 12 cm), a piece of snow white card (5.6 x 10.7 cm) and a piece of lilac card (5.1 x 10.2 cm) and stick them on the card.*
3. *Punch two white circles and stick them on the card.*
4. *Stick pink bootees (middle size) on the card and make them 3D.*

Babyslofjes *Bootees*

Werkwijze

1. Neem een dubbele vierkante hagelwitte kaart (13 x 13 cm).
2. Snijd een stuk purper karton van 11 x 11 cm en een stuk hagelwit karton van 10,5 x 10,5 cm en plak ze op elkaar.
3. Pons een lila cirkel uit. Snijd deze in vieren en plak deze hoeken op het kader. Sla vier snaps in de hoeken en plak het kader op de kaart.
4. Plak roze babyslofjes (grootste maat) op de kaart en werk ze uit in 3D.

Instructions

1. *Take a square, snow white double card (13 x 13 cm).*
2. *Cut a piece of mauve card (11 x 11 cm) and a piece of snow white card (10.5 x 10.5 cm) and stick them together.*
3. *Punch a lilac circle. Cut it into four and stick the pieces in the corners of the piece of snow white card. Punch four Snaps in the corners and stick everything on the double card.*
4. *Stick pink bootees (largest size) on the card and make them 3D.*

Benodigdheden
• 3D-vellen: roze babyslofjes (3 lagen) • Papicolor karton: lila (14), hagelwit (30) en purper (13)
• Cirkelpons: 76 mm (paars) • Roze snaps

What you need
• *3D cutting sheet: pink bootees (3 layers)* • *Papicolor card: lilac (14), snow white (30) and mauve (13)*
• *Circle punch: 76 mm (purple)* • *Pink Snaps*

Kompaskaart *Compass card*

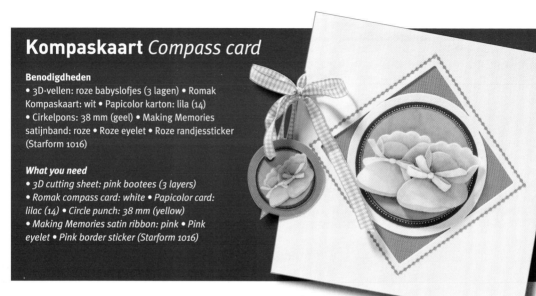

Benodigdheden

• 3D-vellen: roze babyslofjes (3 lagen) • Romak
Kompaskaart: wit • Papicolor karton: lila (14)
• Cirkelpons: 38 mm (geel) • Making Memories
satijnband: roze • Roze eyelet • Roze randjessticker
(Starform 1016)

What you need

• *3D cutting sheet: pink bootees (3 layers)*
• *Romak compass card: white • Papicolor card:
lilac (14) • Circle punch: 38 mm (yellow)*
• *Making Memories satin ribbon: pink • Pink
eyelet • Pink border sticker (Starform 1016)*

Werkwijze

1. Plak een stuk lila karton van 12 x 12 cm achter de passe-partout.
2. Plak roze babyslofjes (op één na grootste maat) op de kaart en werk ze uit in 3D. Pons een lila cirkel uit met de cirkelpons en plak er roze slofjes (op één na kleinste maat) op. Sla een eyelet door de cirkel.
3. Maak met de eyelet-tool twee gaatjes in de vouw van de kaart, 3 cm van de boven- en 3 cm van de onderkant van de kaart. Doe er een stuk lint doorheen en strik daar het ronde labeltje aan.
4. Plak een roze randjessticker op de kaart.

Instructions

1. *Stick a piece of lilac card (12 x 12 cm) behind the opening in the aperture card.*
2. *Stick pink bootees (second largest size) on the card and make them 3D. Punch a lilac circle and stick pink bootees (second smallest size) on it. Punch an eyelet in the circle.*
3. *Use the eyelet tool to make two holes in the fold of the card 3 cm from the top and bottom of the card. Thread a piece of ribbon through the holes and tie the round label to it.*
4. *Stick a pink border sticker on the card.*

Blauwe babyslofjes *Blue bootees*

Slofjes *Bootees*

Benodigdheden

• 3D-vellen: blauwe babyslofjes (3 lagen) • Scrappapier: limegroene bloemen en strepen (Rob & Bob)
• Papicolor karton: donkerblauw (06) en lentegroen (08) • Cirkelpons: 38 mm (geel) • Making Memories satijnband lichtblauw • Oranje eyelet • Oranje snaps

What you need

• *3D cutting sheet: blue bootees (3 layers)*
• *Scrapbook paper: lime green flowers and stripes (Rob & Bob)* • *Papicolor card: dark blue (06) and spring green (08)* • *Circle punch: 38 mm (yellow)* • *Making Memories satin ribbon: pale blue* • *Orange eyelet* • *Orange Snaps*

Werkwijze

1. Neem een dubbele vierkante groene kaart (13 x 13 cm). Snijd een strook scrappapier met strepen van 13 x 30 cm. Vouw het dubbel en plak het om de kaart. De stukken die uit de kaart steken, kun je naar binnen vouwen.
2. Snijd een stuk blauw karton van 10 x 10 cm en een stuk scrappapier met limegroene bloemen van 9,5 x 9,5 cm uit en plak ze op elkaar. Sla in de hoeken oranje snaps en plak het kader op de kaart. Plak er blauwe babyslofjes (grootste maat) op en werk het uit in 3D.
3. Pons een groene cirkel uit het karton en uit het limegroene scrappapier en plak ze op elkaar. Plak er blauwe babyslofjes (op één na kleinste maat) op. Sla een eyelet door de cirkel.
4. Knoop een stuk blauw lint om de vouw van de kaart heen. Rijg de cirkel eraan en maak een strik in het lint.

Instructions

1. *Take a square, green double card (13 x 13 cm). Cut a piece of striped scrapbook paper (13 x 30 cm). Fold it double and stick it around the card. Fold the pieces that are left over inside the card.*
2. *Cut a piece of blue card (10 x 10 cm) and a piece of scrapbook paper with lime green flowers (9.5 x 9.5 cm) and stick them together. Punch orange Snaps in the corners and stick it on the double card. Stick blue bootees (largest size) on it and make them 3D.*
3. *Punch a green circle and a lime green circle and stick them together. Stick blue bootees (second smallest size) on them. Punch an eyelet in the circle.*
4. *Tie a piece of blue ribbon around the fold of the card. Thread the circle onto the ribbon and tie a bow in it.*

Nick *Nick*

Werkwijze

1. Neem een dubbele rechthoekige groene kaart (10,5 x 15 cm). Snijd een strook scrappapier met strepen van 15 x 21 cm. Vouw het dubbel en plak het om de kaart.
2. Snijd uit blauw karton een strook van 5,5 x 15 cm en uit het scrappapier met de oranje bloemen een strook van 5 x 15 cm. Plak de stroken op elkaar. Sla in de strook groene snaps en plak de strook op de kaart.
3. Plak blauwe babyslofjes (middelste maat) op de kaart en werk ze uit in 3D.
4. Pons met het kleine ponsje de letters uit en plak ze op de kaart.

Instructions

1. *Take a rectangular, green double card (10.5 x 15 cm). Cut a piece of striped scrapbook paper (15 x 21 cm), fold it double and stick it around the card.*
2. *Cut a blue strip (5.5 x 15 cm) and a strip with orange flowers (5 x 15 cm) and stick them together. Punch green Snaps in the corners and stick them on the card.*
3. *Stick blue bootees (middle size) on the card and make them 3D.*
4. *Use the small punch to punch the letters and stick them on the card.*

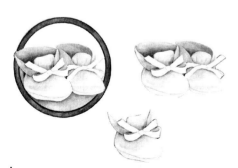

Benodigdheden
• 3D-vellen: blauwe babyslofjes (3 lagen) • Scrap-vellen: blauw alfabet • Scrappapier: oranje bloemen en strepen (Rob & Bob) • Papicolor karton: donkerblauw (06) en lentegroen (08) • Groene snaps

What you need
• 3D cutting sheet: blue bootees (3 layers) • Scrapbook paper: blue alphabet • Scrapbook paper: orange flowers and stripes (Rob & Bob) • Papicolor card: dark blue (06) and spring green (08) • Green Snaps

Baby *Baby*

Benodigdheden

- 3D-vellen: blauwe babyslofjes (3 lagen)
- Scrap-vellen: blauw alfabet • Scrappapier: oranje bloemen, limegroene bloemen en strepen (Rob & Bob) • Papicolor karton: donkerblauw (06) • Cirkelpons: 76 mm (paars) en 19 mm (oranje)

What you need

- *3D cutting sheet: blue bootees (3 layers)*
- *Scrapbook paper: blue alphabet • Scrapbook paper: orange flowers, lime green flowers and stripes (Rob & Bob) • Papicolor card: dark blue (06)*
- *Circle punch: 76 mm (purple) and 19 mm (orange)*

Werkwijze

1. Snijd uit blauw karton en uit het scrappapier met de limegroene bloemen stroken van 10,5 x 30 cm. Vouw de blauwe strook dubbel en snijd van de voorkant een strook van 4 cm af. Plak de strook scrappapier om de kaart. Begin een klein stukje vanaf de voorkant, dan de achterkant. Het stukje dat je overhoudt, vouw je naar binnen.
2. Snijd een strook uit het scrappapier met de strepen van 1 x 30 cm en plak dat op dezelfde wijze om de kaart.
3. Pons een grote oranje cirkel, plak er blauwe babyslofjes (op één na grootste maat) op en werk ze uit in 3D.
4. Pons met het kleine ponsje de letters uit en plak ze op de kaart.

Instructions

1. *Cut a blue strip (10.5 x 30 cm) and a strip with lime green flowers (10.5 x 30 cm). Fold the blue strip double and cut a 4 cm wide strip off of the front. Stick the strip of scrapbook paper around the blue card. Start at the front, a couple of millimetres from the edge, and then go to the back. Fold the piece that is left over inside the card.*
2. *Cut a strip of striped scrapbook paper (1 x 30 cm) and stick it around the bottom in the same way.*
3. *Punch a large orange circle. Stick blue bootees (second largest size) on it and make them 3D.*
4. *Use the small punch to punch the letters and stick them on the card.*

IJskristallen *Ice crystals*

Fotokaart *Photograph card*

Benodigdheden
• 3D-vellen: ijskristallen (1 laag) • Papicolor karton:
irisblauw (31) en violet (20) • Foto • Cirkelpons: 51 mm
(blauw) • Making Memories satijnband: lavendel
• Stickles: frosted lace

What you need
*• 3D cutting sheet: ice crystals (1 layer) • Papicolor card:
iris blue (31) and violet (20) • Photograph • Circle punch:
51 mm (blue) • Making Memories satin ribbon: lavender
• Stickles: frosted lace*

Werkwijze
1. Neem een vierkante dubbele violette kaart (13 x 13 cm).
2. Plak een stuk irisblauw karton van 8 x 8 cm en een stuk
   foto van 7,5 x 7,5 cm op de kaart.
3. Pons een irisblauwe cirkel, plak het op de kaart en plak
   er een ijskristal (middelste maat) op.
4. Maak met de eyelet-tool twee gaatjes in de vouw van de
   kaart, 4 cm van de boven- en 4 cm van de onderkant van
   de kaart. Strik er een stuk lint doorheen. Versier het ijskristal met stickles.

Instructions
1. *Take a square, violet double card (13 x 13 cm).*
2. *Stick a piece of iris blue card (8 x 8 cm) and a photograph
   (7.5 x 7.5 cm) on the card.*
3. *Punch an iris blue circle, stick it on the card and stick an
   ice crystal (middle size) on it.*
4. *Use the eyelet tool to make two holes in the fold of the card
   4 cm from the top and bottom of the card. Tie a ribbon
   through the holes. Use Stickles to decorate the ice crystal.*

Vierkante kaart *Square card*

Werkwijze

1. Neem een vierkante dubbele violette kaart (13 x 13 cm).
2. Plak een stuk irisblauw karton van 10 x 10 cm en een stuk dessin-vel van 9,5 x 9,5 cm op de kaart. Plak een ijskristal (grootste maat) op de kaart en werk het uit in 3D.
3. Pons een irisblauwe cirkel uit en plak er een ijskristal (op één na kleinste maat) op. Sla een eyelet door de cirkel.
4. Knoop een stuk lavendel lint om de vouw van de kaart heen. Rijg de cirkel eraan en maak een strik in het lint. Versier de ijskristallen met stickles.

Instructions

1. *Take a square, violet double card (13 x 13 cm).*
2. *Stick a piece of iris blue card (10 x 10 cm) and a piece of pattern paper (9.5 x 9.5 cm) on the card. Stick an ice crystal (largest size) on the card and make it 3D.*
3. *Punch an iris blue circle and stick an ice crystal (second smallest size) on it. Punch an eyelet in the circle.*
4. *Tie a piece of lavender ribbon around the fold of the card. Thread the circle onto the ribbon and tie a bow in it. Use Stickles to decorate the ice crystals.*

Benodigdheden
- 3D-vellen: ijskristallen (2 lagen) • Dessin-vellen: nr. 5
- Papicolor karton: irisblauw (31) en violet (20)
- Cirkelpons: 38 mm (geel) • Paarse eyelet • Making Memories satijnband: lavendel • Stickles: frosted lace

What you need
- *3D cutting sheet: ice crystals (2 layers) • Pattern paper: no. 5 • Papicolor card: iris blue (31) and violet (20) • Circle punch: 38 mm (yellow) • Purple eyelet • Making Memories satin ribbon: lavender • Stickles: frosted lace*

Bruine kaarsjes *Brown candles*

Drie kaarsjes *Three candles*

Benodigdheden
• 3D-vellen: bruine kaarsjes (1/2 lagen) • Papicolor
SMART karton: donkerbruin (615) • Papiquilt: koper (113)
• Brads: antique copper • Making memories satijnband: geel

What you need
• 3D cutting sheet: brown candles (1 or 2 layers) • Papicolor
SMART card: dark brown (615) • Papiquilt: copper (113)
• Brads: antique copper • Making Memories satin ribbon:
yellow

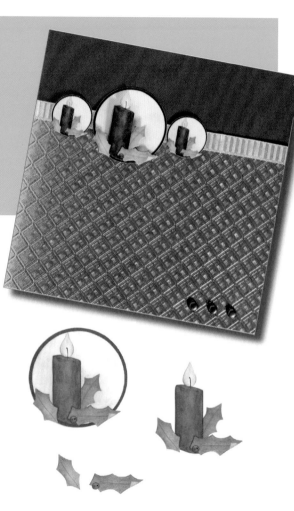

Werkwijze
1. Neem een dubbele vierkante donkerbruine kaart
   (13 x 13 cm). Snijd een strook papiquilt van 9 x 26 cm.
   Vouw het dubbel en plak het om de kaart.
2. Plak een stuk lint om de kaart.
3. Plak bruine kaarsjes (middelste en kleinste maat) op
   de kaart en werk ze uit in 3D.
4. Bevestig drie brads aan de kaart.

Instructions
1. *Take a square, dark brown double card (13 x 13 cm).*
   Cut a strip of papiquilt (9 x 26 cm), fold it double and
   stick it around the card.
2. *Stick a piece of ribbon around the card.*
3. *Stick brown candles (middle size and smallest size)*
   on the card and make them 3D.
4. *Attach three Brads to the card.*

Twee kaarsjes *Two candles*

Benodigdheden

- 3D-vellen: bruine kaarsjes (2/3 lagen) • Papicolor karton: caramel (26) • Papicolor SMART karton: donkerbruin (615)
- Papifleur: koper (110) • Brads: antique copper
- Cirkelsnijder

What you need

- *3D cutting sheet: brown candles (2 or 3 layers) • Papicolor card: caramel (26) • Papicolor SMART card: dark brown (615)*
- *Papifleur: copper (110) • Brads: antique copper • Circle cutter*

Werkwijze

1. Snijd uit het donkerbruine karton een cirkel van 13 cm, uit het caramel karton een cirkel van 11,5 cm en uit het papifleur een cirkel van 11 cm.
2. Plak de twee kleinste cirkels op elkaar.
3. Zet de grootste cirkel aan de andere cirkels vast met brads.
4. Plak bruine kaarsjes (op één na grootste en op één na kleinste maat) op de kaart en werk ze uit in 3D.

Instructions

1. *Cut a circle (Ø 13 cm) out of the dark brown card, a circle (Ø 11.5 cm) out of the caramel card and a circle (Ø 11 cm) out of the papifleur.*
2. *Stick the two smallest circles together.*
3. *Use Brads to attach the largest circle to the other two circles.*
4. *Stick brown candles (second largest size and second smallest size) on the card and make them 3D.*

Kerstraam
Christmas window

Werkwijze

1. Knip een vierkant uit de kaart.
2. Maak een strik aan één van de verbindingsstukken. Plak goudkarton achter de vlakken
   aan de linker- en aan de onderkant.
3. Plak drie bruine kaarsjes (op één na kleinste
   maat) op de kaart en werk ze uit in 3D.
4. Plak een gouden randjessticker op het randje
   in de kaart. Versier de hoeken met strass plakstenen.

Instructions

1. *Cut a square out of the card.*
2. *Tie a ribbon to one of the connecting pieces.
   Stick gold card behind the openings on the
   left-hand side and at the bottom.*
3. *Stick three brown candles (second smallest size)
   on the card and make them 3D.*
4. *Stick a golden border sticker around the edge of
   the card. Use adhesive stones to decorate the
   corners of the card.*

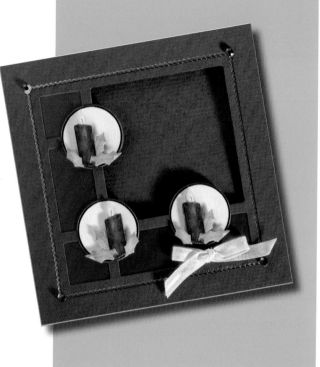

Benodigdheden
• 3D-vellen: bruine kaarsjes (1/2 lagen) • Romak kaart:
terracotta • Goudkarton • Making memories satijnband:
geel • Gouden randjessticker (DD 6581) • Warmgele
strass plakstenen

What you need
• *3D cutting sheet: brown candles (1 or 2 layers)*
• *Romak card: terracotta • Gold card • Making Memories
satin ribbon: yellow • Gold border sticker (DD 6581)*
• *Warm yellow adhesive stones*

Groene kerstklokken
Green Christmas bells

Kompaskaart *Compass card*

Benodigdheden
- 3D-vellen: groene kerstklokken (3 lagen) • Romak kompaskaart: olijfgroen • Cirkelpons: 38 mm (geel)
- Rood organzalint 0,3 cm • Rode strass plakstenen
- Rode eyelet

What you need
- *3D cutting sheet: green Christmas bells (3 layers) • Romak compass card: olive green*
- *Circle punch: 38 mm (yellow) • Red Organza ribbon: 3 mm • Red adhesive stones • Red eyelet*

Werkwijze
1. Plak een groene kerstklok (op één na grootste maat) op de kaart en werk het uit in 3D.
2. Pons een groene cirkel uit met de cirkelpons en plak er een groene kerstklok (op één na kleinste maat) op. Sla een eyelet door de cirkel.
3. Knoop een stuk rood lint om de vouw van de kaart heen. Rijg de cirkel eraan en maak een strik in het lint.
4. Versier de kaart met strass plakstenen.

Instructions
1. *Stick a green Christmas bell (second largest size) on the card and make it 3D.*
2. *Punch a green circle and stick a green Christmas bell (second smallest size) on it. Punch an eyelet in the circle.*
3. *Tie a piece of red ribbon around the fold of the card. Thread the circle onto the ribbon and tie a bow in it.*
4. *Use adhesive stones to decorate the card.*

Vijf klokken *Five bells*

Benodigdheden
- 3D-vellen: groene kerstklokken (3 lagen) • Dessin-vel: nr. 15 • Papicolor karton: fiëstarood (12) en olijfgroen (45) • Cirkelpons: 25 mm (limegroen)

What you need
- *3D cutting sheet: green Christmas bells (3 layers)*
- *Pattern paper: no. 15 • Papicolor card: fiesta red (12) and olive green (45) • Circle punch: 25 mm (lime green)*

Werkwijze
1. Neem een gewone dubbele fiëstarode kaart (10,5 x 15 cm).
2. Snijd een stuk olijfgroen karton van 9 x 13,5 cm en een stuk dessin-vel van 8,5 x 13 cm en plak dit op de kaart.
3. Pons vier groene cirkels en plak er groene kerstklokken (kleinste maat) op.
4. Plak de vier cirkels en een kerstklok (middelste maat) op de kaart en werk de grote kerstklok uit in 3D.

Instructions
1. *Take a fiesta red double card (10.5 x 15 cm).*
2. *Stick a piece of olive green card (9 x 13.5 cm) and a piece of pattern paper (8 x 13 cm) on the card.*
3. *Punch four green circles and stick green Christmas bells (smallest size) on them.*
4. *Stick the four circles with the Christmas bells (middle size) on the card and make the large Christmas bell 3D.*

Met strik *With a bow*

Werkwijze

1. Neem een gewone dubbele fiëstarode kaart (10,5 x 15 cm) en snijd er van de voorkant een strook van 1,5 cm van af. Snijd een stuk dessin-vel van 15 x 21 cm en plak het om de kaart. Begin een klein stukje vanaf de voorkant. Het stukje, dat je overhoudt, vouw je naar binnen.
2. Pons een groene cirkel en plak er een groene kerstklok (middelste maat) op. Sla een eyelet door de cirkel. Werk de kerstklok uit in 3D.
3. Knoop een stuk rood lint om de kaart heen. Zet het met een stukje dubbelzijdig plakband vast. Rijg de cirkel eraan en maak een strik in het lint.
4. Versier de kaart met strass plakstenen.

Instructions

1. *Take a fiesta red double card (10.5 x 15 cm) and cut a strip (1.5 cm) off the front of the card. Cut a piece of pattern paper (15 x 21 cm) and stick it around the card, starting a couple of millimetres from the edge of the card. Fold the piece that is left over inside the card.*
2. *Punch a green circle. Stick a green Christmas bell (middle size) on it and make it 3D. Punch an eyelet in the circle.*
3. *Tie a piece of red ribbon around the card. Use double-sided adhesive tape to stick it to the card. Thread the circle onto the ribbon and tie a bow in it.*
4. *Use adhesive stones to decorate the card.*

Benodigdheden

• 3D-vellen: groene kerstklokken (3 lagen) • Dessin-vel: nr. 15 • Papicolor karton: fiëstarood (12) en olijfgroen (45) • Cirkelpons: 51 mm (blauw) • Rood organzalint 2,2 cm • Rode strass plakstenen • Rode eyelet

What you need

• *3D cutting sheet: green Christmas bells (3 layers)*
• *Pattern paper: no. 15 • Papicolor card: fiesta red (12) and olive green (45) • Circle punch: 51 mm (blue)*
• *Red Organza ribbon: 2.2 cm • Red adhesive stones*
• *Red eyelet*

Kaart blz. 1 *Card on page 1*

Benodigdheden
• 3D-vellen: paarse bloemen (2 lagen) • Romak kaart: Lila
• Making Memories satijnband: lavendel • Witte randjessticker (Starform 1001)

What you need
• *3D cutting sheet: purple flowers (2 layers) • Romak card: lilac • Making Memories satin ribbon: lavender • White border sticker (Starform 1001)*

Werkwijze
1. Plak vier paarse bloemen (op één na kleinste maat) op de kaart en werk ze uit in 3D.
2. Maak een strik aan één van de verbindingsstukken.
3. Plak een witte randjessticker vlak langs het randje in de kaart.

Instructions
1. *Stick four purple flowers (second smallest size) on the card and make them 3D.*
2. *Tie a ribbon to one of the connecting pieces.*
3. *Stick a white border sticker around the edge of the window.*

Kaart blz. 3 *Card on page 3*

Benodigdheden
• 3D-vellen: blauwe bloemen (2/3 lagen) • Papicolor
SMART karton: violet (602) • Scrappapier: oranje bloemen
(Rob & Bob) • Witte randjessticker (Starform 1001)

What you need
• *3D cutting sheet: blue flowers (2 or 3 layers) • Papicolor SMART card: violet (602) • Scrapbook paper: orange flowers (Rob & Bob) • White border sticker (Starform 1001)*

Werkwijze
1. Neem een dubbele vierkante violette kaart (13 x 13 cm).
2. Snijd uit het scrappapier een stuk van 10 x 10 cm en plak het op de kaart.
3. Plak een witte randjessticker langs het scrappapier.
4. Plak twee blauwe bloemen (op één na kleinste en grootste maat) op de kaart en werk ze uit in 3D.

Instructions
1. *Take a square, violet double card (13 x 13 cm).*
2. *Cut a piece of scrapbook paper (10 x 10 cm) and stick it on the card.*
3. *Stick a white border sticker around the scrapbook paper.*
4. *Stick two blue flowers (second smallest size and largest size) on the card and make them 3D.*

De gebruikte materialen zijn door winkeliers te bestellen bij: Kars & Co B.V. te Ochten • Jalekro B.V. te Assendelft • Papicolor International B.V. te Utrecht • Romak te Hillegom • HOCA te Beek en Donk • Hobby Totaal te Zwolle

The materials used can be ordered by shopkeepers from: Kars & Co BV in Ochten, the Netherlands. • Jalekro B.V. in Assendelft, the Netherlands • Papicolor International B.V. in Utrecht, the Netherlands • Romak in Hillegom, the Netherlands • HOCA in Beek en Donk, the Netherlands • Hobby Totaal in Zwolle, the Netherlands